Gloria a D...
Serie sobre el matrimonio ...

MW01102619

Esta serie de estudios sobre el matrimonio tiene un completo
Enfoque a la Familia -confiable, con un sólido fundamento bíblico
y dedicado a restablecer los valores familiares en la sociedad actual.
Sin duda esta serie ayudará a una multitud de parejas a fortalecer
su relación, no solo del uno con el otro, sino también con Dios,
el *creador* mismo del matrimonio.

Bruce Wilkinson

Autor de *La oración de Jabes, Secretos de la viña,*
y *Una vida recompensada por Dios*

En esta era de tanta necesidad, el equipo del Dr. Dobson ha producido
materiales sólidos y prácticos respecto al matrimonio cristiano.
Toda pareja casada o comprometida sacará provecho de este estudio
de los fundamentos de la vida en común, aunque ya hayan realizado
otros estudios sobre el tema. Gracias a *Enfoque a la Familia* por ayudarnos
a establecer correctamente esta máxima prioridad.

Charles W. Colson

Presidente de *Prison Fellowship Ministries*

En mis 31 años como pastor he oficiado cientos de bodas.
Infortunadamente, muchas de esas uniones fracasaron. Cuánto hubiera
apreciado poder contar con esta *Serie sobre el matrimonio* de *Enfoque a la
Familia* en aquellos años. ¡Qué maravillosa herramienta tenemos a
nuestra disposición, como pastores y líderes cristianos! Los animo
a utilizarla para ayudar a quienes están bajo su cuidado a edificar
matrimonios prósperos y saludables.

H. B. London, Jr.

Vicepresidente, Ministerio de Extensión / Ministerios Pastorales
Enfoque a la Familia

¿Está buscando una receta para mejorar su matrimonio?
¡Disfrutará esta serie práctica y oportuna sobre el tema!

Dr. Kevin Leman

Autor de *El sexo y la comunicación en el matrimonio*

La *Serie sobre el matrimonio* de *Enfoque a la Familia* tiene éxito porque no centra su atención en cómo establecer o fortalecer un matrimonio, sino en *quién* puede hacerlo. A través de este estudio usted aprenderá que un matrimonio bendecido será la feliz consecuencia de una relación más íntima con el *creador* del matrimonio.

Lisa Whelchel

Autora de *Creative Correction* y
The Facts of Life and Other Lessons My Father Taught Me

En una época en la que el pacto del matrimonio se deja rápidamente de lado en nombre de la incompatibilidad y de las diferencias irreconciliables, se necesitaba con urgencia un estudio bíblico que fuera a la vez práctico e inspirador. La *Serie sobre el matrimonio* de *Enfoque a la Familia* es justamente lo que las parejas están buscando. Recomiendo decididamente esta serie de estudios bíblicos, que tiene el potencial para impactar profundamente los matrimonios hoy y mejorarlos. El matrimonio no consiste tanto en encontrar el compañero correcto como en ser el compañero correcto. Estos estudios contienen maravillosas enseñanzas bíblicas para ayudar a quienes desean aprenderlo, el hermoso arte de llegar a ser el cónyuge que Dios había previsto para su matrimonio.

Lysa TerKeurst

Presidente, Proverbs 31 Ministries
Autora de *Capture His Heart* y *Capture Her Heart*

La abnegación
en el matrimonio

CASA
CREACION

La abnegación en el matrimonio
Serie sobre el matrimonio de Enfoque a la Familia®
Publicado por Casa Creación
Una compañía de Strang Communications
600 Rinehart Road
Lake Mary, Florida 32746
www.casacreacion.com

A menos que se indique lo contrario, todos los textos bíblicos
han sido tomados de la *Santa Biblia, Nueva Versión Internacional* (NVI),
© 1999 por la Sociedad Bíblica Internacional. Usado con permiso.

Traducido por:
Carolina Laura Graciosi

Editado por:
María del C. Fabbri Rojas

Diseño interior por:
Grupo Nivel Uno, Inc.

Library of Congress Control Number: 2004107884

ISBN: 1-59185-439-3

Impreso en los Estados Unidos de América

04 05 06 07 ❖ 8 7 6 5 4 3 2 1

Tabla de contenido

Prólogo

El campo misionero más urgente aquí en la tierra no se encuentra del otro lado del mar, ni siquiera al cruzar la calle; se encuentra exactamente donde usted vive: en su hogar y su familia. La última instrucción de Jesús fue: "Vayan y hagan discípulos de todas las naciones" (Mateo 28:19). Al considerar este mandato, nuestros ojos miran al otro extremo del mundo buscando nuestro campo de labor. Eso no está mal; pero no es *todo*. Dios se propuso que fuera el hogar el primer lugar de discipulado y crecimiento cristiano (vea Deuteronomio 6:4-8). Los miembros de nuestra familia deben ser los *primeros* a quienes alcancemos, mediante la palabra y el ejemplo, con el Evangelio del Señor Jesucristo, y el modo fundamental de lograrlo es por medio de la relación matrimonial.

El divorcio, las familias disfuncionales, el rompimiento de la comunicación y las complejidades de la vida diaria están teniendo consecuencias devastadoras en el matrimonio y la familia, instituciones ordenadas por Dios. No necesitamos ir muy lejos para darnos cuenta de que aun las familias y matrimonios cristianos se encuentran en situación crítica. Esta serie fue desarrollada en respuesta a la necesidad de edificar familias y matrimonios centrados en Cristo.

Enfoque a la Familia es un ministerio reconocido y respetado en todo el mundo por su incansable dedicación a preservar la santidad de la vida matrimonial y familiar. No puedo pensar en otra asociación mejor que la formada por Enfoque a la Familia y Casa Creación para la producción de la *Serie sobre el matrimonio* de *Enfoque a la Familia*. Esta serie está bien escrita, es bíblicamente sólida y adecuada a su objetivo de guiar a las parejas a explorar los fundamentos que Dios estableció para el matrimonio, a fin de que lo vean a Él como el modelo de un cónyuge perfecto. A lo largo de estos estudios se plantarán semillas que irán germinando en sus corazones y en sus mentes en los años por venir.

En nuestra cultura, tan práctica y realista, muchas veces queremos pasar por alto el *porqué* para ir directamente al *qué*. Pensamos que si *seguimos* los seis pasos o *aprendemos* las cinco maneras, alcanzaremos el objetivo. Pero el crecimiento con raíces profundas es más lento, con un propósito determinado, y se inicia con una comprensión bien fundada del designio divino. Saber por qué existe el matrimonio es crucial para lograr soluciones más efectivas. El matrimonio es un don de Dios, una relación de pacto única y distinta, por medio de la cual su gloria y su bondad se manifiestan; y sólo conociendo al arquitecto y su plan, podemos edificar nuestro matrimonio sobre el cimiento más seguro.

Dios creó el matrimonio; le asignó un propósito específico, y se ha comprometido a llenar con fresca vida y renovada fortaleza cada unión rendida a Él. Dios quiere unir los corazones de cada pareja, consolidarlos en amor, y conducirlos hasta la línea de llegada –todo por su gran misericordia y bondad.

Que Dios, en su gracia, los guíe a su verdad, fortaleciendo sus vidas y su matrimonio.

Gary T. Smalley
Fundador y Presidente del Directorio
Smalley Relationship Center

Introducción

Pero al principio de la creación Dios "los hizo hombre y mujer". Por eso dejará el hombre a su padre y a su madre, y se unirá a su esposa, y los dos llegarán a ser un solo cuerpo. Así que ya no son dos, sino uno solo.

Marcos 10:6-88

La abnegación en el matrimonio puede utilizarse en diversas situaciones, tales como estudio bíblico en grupos pequeños, clases de Escuela Dominical, o sesiones de consejería o tutoría. Incluso una pareja individual puede utilizar este libro en su propio hogar, como un estudio para edificación de su matrimonio.

Cada una de las cuatro sesiones consta de cuatro componentes principales.

Estructura general de la sesión

Labrar la tierra
Es una introducción al tema central de discusión; consiste en un comentario seguido de preguntas, para enfocar los pensamientos en la idea principal de la sesión.

Plantar la semilla
En este momento del estudio bíblico leerán una porción de las Escrituras y contestarán preguntas que los ayudarán a descubrir verdades inmutables de la Palabra de Dios

Regar la esperanza
Es un tiempo para el debate y la oración. Sea que estén estudiando en casa como pareja, en un grupo pequeño o en una clase, hablar con su cónyuge acerca del tema de la lección es una forma maravillosa de afianzar esa verdad y plantarla profundamente en sus corazones.

Cosechar el fruto
Pasando a la acción, esta parte de la sesión ofrece sugerencias para poner en práctica la verdad de la Palabra en su relación matrimonial.

Sugerencias para el estudio en pareja

Hay por lo menos tres opciones para utilizar este estudio en pareja.

- Pueden usarlo como estudio devocional. Cada cónyuge estudia el material individualmente durante la semana; luego, en un día determinado, ambos se reúnen para debatir lo que han aprendido y la forma de aplicarlo a su relación.
- Pueden elegir estudiar una sesión juntos durante una tarde, y luego desarrollar las actividades de aplicación durante el resto de la semana.
- Por ser un estudio breve, también es un espléndido recurso para un retiro de fin de semana. Pueden hacer un viaje de fin de semana y estudiar juntos cada sesión, intercalándola con sus actividades de esparcimiento favoritas.

Sugerencias para el estudio en grupo

Existen varias maneras de utilizar este estudio en grupos. La forma más común es hacerlo en grupos pequeños de estructura similar a un grupo de estudio bíblico. No obstante, puede utilizarse además en clases de Escuela Dominical para adultos. Cualquiera sea la modalidad elegida, hay algunas pautas generales que deben seguirse para el estudio en grupo.

- Mantengan el grupo pequeño (entre cinco y seis parejas como máximo).
- Pidan a las parejas que se comprometan a asistir regularmente durante las cuatro semanas de estudio. Esta regularidad en la asistencia es clave para la construcción de relaciones y el desarrollo de la confianza dentro de un grupo.
- Anime a los participantes a *no* compartir detalles de índole personal o que puedan avergonzar a su cónyuge, sin haberle pedido previamente su autorización.
- Todo lo que se trate en las reuniones grupales tiene carácter confidencial, y debe ser mantenido en la más absoluta reserva, sin trascender más allá de los miembros del grupo.

Hay ayudas adicionales para líderes en la parte final de este libro y en la *Guía para el ministerio de matrimonios de Enfoque a la Familia*.

Sugerencias para mentores

Este estudio también puede ser usado en situaciones donde una pareja se convierte en mentora o consejera de otra.

- Una iglesia o ministerio puede establecer un sistema por medio del cual a una pareja que lleva varios años de casada se le encomienda reunirse de modo regular con una pareja joven.
- Una manera menos formal de iniciar una relación de tutoría consiste en que una pareja joven tome la iniciativa y se acerque a un matrimonio que sea ejemplo de madurez y santidad, y solicite reunirse regularmente con ellos. O a la inversa, puede ser que una pareja madura se aproxime a una pareja más joven con el fin de iniciar una relación como mentores de ella.
- Algunos pueden sentir temor cuando se les pide que sean mentores de otros, creyendo que jamás podrán hacerlo porque su propio matrimonio está lejos de ser perfecto. Pero así como discipulamos a los nuevos creyentes, debemos aprender a discipular a las parejas casadas, para fortalecer sus matrimonios en este mundo tan difícil. El Señor ha prometido "estaré con ustedes siempre" (Mateo 28:20).
- Antes de comenzar a ser mentores de otros, completen ustedes mismos el estudio. Esto les servirá para fortalecer su propio matrimonio, y los preparará para poder guiar a otra pareja.
- Estén dispuestos a aprender tanto o más que la(s) pareja(s) de quien(es) serán mentores.

Hay ayudas adicionales sobre cómo ser mentores de otra pareja en la *Guía para el ministerio de matrimonios de Enfoque a la Familia.*

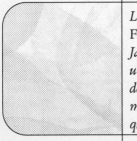

La Serie sobre el matrimonio de Enfoque a la Familia *está basada en* The Marriage Masterpiece *de Al Jansen (Wheaton IL: Tyndale House Publishers, 2001), una mirada esclarecedora a lo que el matrimonio puede –y debería– ser. En este estudio, ¡es un placer guiarlos en la maravillosa aventura de encontrar el gozo que Dios quiere que experimenten en su matrimonio!*

Cómo tratar con un cónyuge infiel

Ve y ama a esa mujer adúltera, que es amante de otro. Ámala como ama el Señor
a los israelitas, aunque se hayan vuelto a dioses ajenos.
Oseas 3:1

En su libro *The Marriage Masterpiece* (La obra maestra del matrimonio), Al Janssen cuenta la historia de un joven pastor llamado Joe, quien encontró a su viejo amor de la infancia, Georgine, viviendo como prostituta en las calles de una gran ciudad. Joe amaba tanto a Georgine que la convenció de dejar ese estilo de vida para convertirse en su esposa. Aunque él la amaba incondicionalmente, su iglesia no la aceptó, y ella sentía la amarga espina del rechazo. Pasados dos años, Georgine comenzó a extrañar su antigua vida, más emocionante, así que dejó a Joe y a sus hijos para volver a la prostitución. Esta descripción mordaz finaliza con Joe buscando a Georgine, y hallándola una vez más en la ciudad donde la había encontrado varios años atrás. A pesar de su infidelidad, Joe no escatimó esfuerzos para librarla de esa vida pecaminosa y traerla a casa.[1]

La palabra "infiel" despierta sentimientos muy fuertes en la mayoría de nosotros. La siguiente es la definición de "infidelidad":

(1) Falto de fidelidad; (2) adj. Que no profesa la fe considerada como verdadera. U. t. c. s. (3) Falto de puntualidad y exactitud. *Intérprete, imagen, relación infiel.*[2][a]

Como se puede ver, la infidelidad sexual es solamente un aspecto de ser infiel. En esta sesión, vamos a analizar lo que significa ser infiel al cónyuge y cómo, en su amor hacia su Esposa, Cristo nos dejó el máximo ejemplo de fidelidad en todas las áreas del matrimonio.

Labrar la tierra

La historia de Joe y Georgine es una adaptación moderna de la historia de Oseas tal y como se narra en el libro que lleva su mismo nombre. Oseas era un profeta de Dios para la nación de Israel. Su matrimonio y las dificultades que posteriormente surgieron con su esposa, Gomer, representan la relación de Dios con la infiel Israel.

1. Si usted fuera miembro de la iglesia de Joe, ¿qué pensaría acerca de la decisión de Joe de casarse con Gomer?

    ¿Qué consejo le hubiera dado?

2. ¿Lo han criticado a alguna vez por hacer algo que era considerado como irresponsable, aunque usted sabía que estaba haciendo lo que Dios quería que hiciera? Si es así, ¿cómo se sintió?

3. Aparte de la inmoralidad sexual, ¿Cuáles son algunas otras maneras en que una persona podría ser infiel a su cónyuge?

Indaguemos más acerca de la historia de Oseas y del amor de Dios hacia su pueblo.

El libro de Oseas relata una emotiva y compleja historia acerca de la traición a una relación de pacto. Oseas fue un profeta que vivió durante una era de extrema inmoralidad y pecaminosidad en Israel (793-753 B.C.).[3] Su matrimonio con Gomer ilustra el amor de Dios por su pueblo, a pesar de su infidelidad.

4. En Oseas 1:2-3, Dios ordenó a Oseas que se casara con una mujer adúltera. ¿Por qué cree que Dios le pidió hacer eso?

5. De acuerdo con Oseas 1:4-6, 8-9, Gomer dio a luz tres hijos: Jezrel, que significa "dispersar"; Lorrujama, que significa "indigna de compasión"; Loamí, "pueblo ajeno". En la Biblia los nombres son muy significativos. Por ejemplo, Oseas quiere decir "salvación".[3] ¿Cómo indican estos nombres los sentimientos de Dios hacia su pueblo?

Observe la instrucción inicial dada a Oseas en 2:1: "Llamen a sus hermanos: 'Pueblo mío', y a sus hermanas: 'Compadecidas'", ¡exactamente lo contrario de los nombres de su segundo y tercer hijo! Dios estaba dirigiéndose a su Amada con palabras de afirmación. El resto del capítulo 2 es la acusación que Dios ordenó a su profeta que transmitiera a los israelitas.

6. ¿Qué cargos presentó Dios contra Israel en Oseas 2:2-13?

¿Qué les dijo Dios que haría como resultado de su infidelidad?

7. En el versículo 14, el tono del mensaje de Dios cambia. ¿Qué le promete a su Esposa?

8. De acuerdo con Oseas 2:19-20, ¿qué cualidades deberían caracterizar toda unión marital?

9. ¿Por qué cree que Dios no abandonó a Israel?

10. ¿Qué revela el amor de Dios por su pueblo en cuanto a su amor por usted?

11. ¿De qué maneras es la Iglesia actual infiel a Dios?

¡Sal de aquí, Satanás!

Las Escrituras tienen mucho que decir respecto de la infidelidad en el matrimonio. El apóstol Pablo urgió a los creyentes a huir de la inmoralidad sexual: "Todos los demás pecados que una persona comete quedan fuera de su cuerpo; pero el que comete inmoralidades sexuales peca contra su propio cuerpo" (1 Corintios 6:18).

12. En 1 Corintios 6:15-20, ¿por qué razón señaló Pablo que los cristianos son uno en espíritu con Cristo? ¿Cómo se relaciona esto con el mandamiento de huir "de la inmoralidad sexual"?

    ¿Cómo podría esta revelación modificar la actitud de "no le hace daño a nadie" respecto a cometer adulterio u otros pecados sexuales?

La trampa de Satanás es lograr que bajemos gradualmente nuestros estándares, y así inducirnos a que dediquemos menos tiempo al Señor y otras ocupaciones provechosas, lo cual nos deja más tiempo libre para jugar con pensamientos tentadores. Todo puede comenzar por salir a almorzar con un compañero de trabajo del sexo opuesto o por mirar una película que siembra en nuestra mente pensamientos lascivos.

Estudios recientes mostraron que los americanos gastan $8 mil millones en vídeos pornográficos explícitos, espectáculos con bailarinas semidesnudas, actos sexuales en vivo, programación por cable para adultos, pornografía por computadora, dispositivos sexuales y revistas sobre sexo.[4] Como cultura, estamos obsesionados con la atracción sexual. ¿Es de extrañar que tantos matrimonios estén en problemas?

13. De acuerdo con Santiago 1:13-14, ¿Qué ocurre cuando una persona cede a la tentación?

¿Qué da a luz el pecado (v. 15)?

14. ¿Cuáles son las cosas que más lo tientan a usted?

15. ¿De qué forma maneja habitualmente la tentación?

¿Ha sido honesto con su cónyuge respecto de sus tentaciones?

16. ¿Puede escuchar a su cónyuge hablar acerca de las tentaciones sin tornarse crítico o fastidioso con él o ella?

Una vez que usted y su cónyuge pueden compartir sus luchas y tentaciones diarias, experimentarán un nivel más profundo de honestidad y franqueza. Toda vez que una persona reconoce que está siendo tentada, saca la pelota del campo de juego, por así decirlo, y el pensamiento de esa tentación en particular se hace menos estimulante.

Ore frecuentemente con su cónyuge para que el Señor ayude a cada uno de ustedes a caminar rectamente delante de Él, y déjese inspirar por este versículo:

"Consideren bien todo lo verdadero, todo lo respetable, todo lo justo, todo lo puro, todo lo amable, todo lo digno de admiración, en fin, todo lo que sea excelente o merezca elogio" (Filipenses 4:8).

Memorizar este versículo y otros similares puede ser el primer paso para tratar con la tentación, ya sea acerca de pensamientos o de acciones.

El adulterio toca el hogar

Como vio en Oseas, Dios es misericordioso y perdona a los pecadores; y nosotros también debemos hacerlo.

El capítulo 3 de Oseas describe la reconciliación del profeta con Gomer. Observe cómo las acciones de Oseas representan la reconciliación de Dios con nosotros. Oseas buscó a su esposa y pago el precio de redimirla, pero había cierta condición para la reconciliación.

17.   ¿Cuál era la condición de Oseas para que Gomer pudiera regresar?

¿Era una condición razonable? Explique.

Oseas amó y se casó con alguien que no permaneció fiel. Según la ley judía, el cónyuge adúltero por lo general era condenado a morir apedreado (vea Levítico 20:10), pero Dios usó la experiencia de Oseas para mostrarnos cuánto nos ama nosotros, quienes éramos tan merecedores de una condena a muerte.

18.   Considere el ejemplo bíblico de la mujer que fue traída a Jesús por cometer adulterio. "Jesús se incorporó y les dijo: 'Aquel de ustedes que esté libre de pecado, que tire la primera piedra'" (Juan 8:7). Luego le dijo a la mujer, lleno de compasión: "Ahora vete, y no vuelvas a pecar" (v. 11). ¿Cómo se relaciona esto con la condición que Oseas puso para que Gomer pudiera regresar al matrimonio?

A veces nos resulta más fácil aceptar el perdón de Dios que perdonarnos a nosotros mismos cuando pecamos. Antes que *condenarse* por su conducta pecaminosa, *cambie* su conducta, pues eso es lo que Dios desea. Él quiere que huya de la tentación y que experimente la verdadera libertad.

Si su cónyuge le ha sido infiel cometiendo adulterio, hay algunas decisiones que usted debe tomar. Los escritores que colaboraron en *The Woman's Bible Study* (Estudio bíblico para la mujer) dicen: "Un cónyuge que perdona la conducta adúltera del otro es alentado a permanecer dentro del matrimonio. [Sin embargo], el adulterio es visto como una brecha tan grande en la confianza y la fidelidad que se la considera una causa *permisible* para el divorcio".[5] (Vea Mateo 5:32; 19:9.)

Asimismo, en su libro, Al Janssen afirma que un cónyuge no tiene por qué soportar "la infidelidad continua... Jesús mismo admitió que el adulterio era la única causa legítima para el divorcio, al menos cuando el ofensor continúa sin arrepentirse".[6]

19. ¿Por qué el adulterio es una traición a la confianza en el matrimonio?

20. ¿Conoce a alguien que haya afrontado una situación de adulterio en su matrimonio? ¿Cuáles fueron las consecuencias de la infidelidad?

21. ¿Qué puede hacer una pareja para protegerse contra la tentación de tener una aventura?

22. ¿Qué podemos hacer para guardar nuestros corazones de pensamientos lascivos o de inmoralidad sexual?

23. Piense en personas que usted conozca que cometieron adulterio. ¿Qué cree que los condujo a la infidelidad?

La inmoralidad sexual ha arruinado numerosos hogares, creando disturbios emocionales en muchas familias. Si usted ha permanecido fiel y su cónyuge no, ahora ya sabe lo que Oseas debe haber sentido. De hecho, usted ha sentido lo que Dios debe haber sentido –y continúa sintiendo. Si al presente está pasando por esto, pida oír claramente la voz de Dios. Quizá necesite separarse de su cónyuge por un tiempo para obtener una nueva perspectiva de la situación. También debería buscar la ayuda de un consejero cristiano que pueda darle orientación objetiva para volver a establecer una relación confiable.

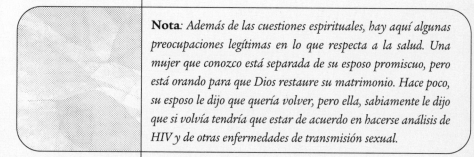

Nota: *Además de las cuestiones espirituales, hay aquí algunas preocupaciones legítimas en lo que respecta a la salud. Una mujer que conozco está separada de su esposo promiscuo, pero está orando para que Dios restaure su matrimonio. Hace poco, su esposo le dijo que quería volver, pero ella, sabiamente le dijo que si volvía tendría que estar de acuerdo en hacerse análisis de HIV y de otras enfermedades de transmisión sexual.*

Regar la esperanza

Consideremos la historia de Susana:

> Susana trabaja para una exitosa compañía y respeta profundamente a su jefe, Pablo, quien levantó la empresa de la nada. Ella es casada, pero él es soltero. Ambos tienen muchas cosas en común, y el trabajo exige que tengan que pasar mucho tiempo juntos ocupados en proyectos específicos. Pablo es un hombre apasionado por su trabajo, y habitualmente elogia a Susana por su desempeño laboral. El esposo de Susana, Felipe, es un hombre taciturno y reservado, a quien le resulta difícil expresar sus sentimientos y necesidades, aunque ambos tienen muchos intereses en común. A pesar de su amor por Felipe, Susana ha comenzado a sentirse más valorada y apreciada en su trabajo que en su casa, y disfruta especialmente de las conversaciones que tiene con Pablo. Cierto fin de semana se detuvo a analizar su situación y se dio cuenta de que cada vez estaba más ligada emocionalmente con Pablo, lo que fácilmente podría conducirla a una aventura con él.[7]

24. En su opinión, ¿cuán común es este argumento?

25. Si usted fuera Susana, ¿qué haría?

Si usted fuera Pablo y percibiera el apego emocional de Susana, ¿qué haría?

26. Si Felipe sospechara que Susana se está involucrando emocionalmente con Pablo, ¿qué debería hacer?

27. ¿Qué salvaguardas puede establecer una pareja para evitar aventuras emocionales con compañeros de trabajo que podrían conducir al adulterio?

28. ¿Cómo cree usted que Dios ve las aventuras emocionales?

Cosechar el fruto

Primero, discuta sus respuestas a las preguntas 14-16 con su cónyuge.

29. Piense en pequeñas formas en las que pudo haber sido infiel a su cónyuge. ¿Ha dicho recientemente algo negativo acerca de él o ella en público? ¿Ha dedicado más tiempo a las actividades de sus hijos que el que ha reservado para estar con su cónyuge? ¿Ha estado pasando demasiado tiempo en el trabajo o con amigos?

Pida perdón a su cónyuge, y busque ser fiel en todas las áreas. Déle permiso a su cónyuge para decirle la próxima vez que usted se comporte de una forma que sugiera infidelidad, y no se ofenda al escuchar las novedades. Después de todo, la infidelidad en las cosas aparentemente sin importancia puede conducir a la infidelidad sexual.

Para evitar los pensamientos lascivos, guarde su corazón de vídeos, películas, novelas, revistas, programas de radio y televisión y sitios de la Internet sexualmente sugestivos o explícitos. Estas cosas pueden hacer que tropiece y le conduzca por el camino de la tentación que finalmente lleva al pecado. Deshágase de todo elemento dudoso que haya en su casa, y reemplácelo con materiales visuales y de lectura que lo acerquen a Dios y a su cónyuge. ¿Tiene problemas con la pornografía de la Internet? Pídale a su cónyuge que lo ayude a hacerse responsable. Instale un filtro para bloquear los sitios inapropiados y toda basura relacionada con el tema. Incluso puede ser imperioso que directamente se deshaga de todas las cosas que hacen que la tentación entre a su casa y a sus pensamientos.

Busque una persona de su mismo sexo y hágase responsable ante ella. Esa persona debería ser alguien que sirva a Dios de corazón y que mantenga estas cuestiones en absoluta reserva. Reúnase una vez por semana, o cada dos, o una vez por mes para orar uno por otro, y discutir y orar por todas aquellas áreas de infidelidad que le están impidiendo disfrutar una relación más profunda con Dios y con su cónyuge.

Ore con su cónyuge, pidiendo que el Señor les ayude a permanecer fieles en su matrimonio. Dé cuenta de sus pecados ante el Señor y ante su cónyuge cada vez que tenga problemas para permanecer fiel al pacto que hizo con su esposo o esposa.

Nota: Si ha experimentado problemas serios con cuestiones de confianza y fidelidad en su matrimonio, le aconsejamos que busque ayuda profesional por medio de un consejero cristiano de confianza. Su pastor puede asesorarle para encontrar la persona adecuada, o también puede llamar al departamento de consejería de Enfoque a la Familia (1-719-531-3400) para tener una entrevista sin cargo con un consejero autorizado[8] y para obtener referencias sobre la red nacional de servicio de consejería de aproximadamente 2,000 consejeros autorizados en todo el territorio de los Estados Unidos.

Notas

1. Al Janssen, *The Marriage Masterpiece* (La obra maestra del matrimonio) (Wheaton, IL: Tyndale House Publishers, 2001), pág. 44.
2. *Real Academia Española* - http://buscon.rae.es/diccionario/drae.htm - "Infiel".
3. Dorothy Kelley Patterson y Rhonda Kelley, eds., *The Woman's Study Bible: Opening the Word of God to Women* (Estudio bíblico para la mujer: Abriendo la Palabra de Dios a las mujeres), (New King James Version) (Nashville, TN: Thomas Nelson, Inc., 1995), pág. 1456.
4. Ed Young, *Fatal Distractions* (Distracciones fatales) (Nashville, TN: Thomas Nelson, Inc., 2000), pág. 119.
5. Patterson y Kelley, *The Woman's Study Bible,* pag. 1462.
6. Al Janssen, *The Marriage Masterpiece, pp. 128-129.*
7. Esta es una compilación de varias historias. Toda semejanza con una situación real es pura coincidencia
8. Los consejeros de Enfoque a la Familia sólo tienen licencia en el estado de Colorado.

Nota a la traducción:

a   El original inglés traduce la palabra "unfaithful" (infiel), citando que –según *The Collins English Dictionary,* www.wordreference.com-, tiene en ese idioma los siguientes significados: "(1) no fiel a una promesa, voto, etc.; (2) no fiel a una esposa, esposo, amante, etc., especialmente habiendo intercambio sexual con algún otro; (3) incorrecto; inexacto; no confiable; indigno de confianza". Estos significados también están presentes en el habla de los países hispanos, incluso en textos de derecho, pero algunos de ellos aún no han sido recogidos por los diccionarios de nuestra lengua.

Como vivir con un cónyuge inconverso

Si algún hermano tiene una esposa que no es creyente, y ella consiente en vivir con él, que no se divorcie de ella. Y si una mujer tiene un esposo que no es creyente, y él consiente en vivir con ella, que no se divorcie de él.

1 Corintios 7:12-13

Cuando yo era niña, mi familia solía ir a la iglesia cada vez que la puerta estuviera abierta: los domingos en la mañana, los domingos en la noche y los miércoles en la noche. Recuerdo haber sentido pena por las mujeres casadas que asistían sin sus maridos. Al mismo tiempo, las admiraba por su fidelidad. Algunas venían con sus hijos y se sentaban solas mientras los niños participaban en el musical anual de Navidad. Aun entonces, percibí cuán importante era casarse con un creyente, y si yo me casaba, quería gozar de una unidad espiritual como la que tenían mis padres.

Afortunadamente, me casé con un creyente. Asistimos a la iglesia juntos y coincidimos en la mayoría de las cuestiones espirituales.

Por una u otra razón, quizá algunos de ustedes no estén espiritualmente unidos con su cónyuge. ¡No renuncie a ese sueño! Dios quiere que usted persevere, que continúe creyendo en la salvación de su cónyuge inconverso y que permanezca en el matrimonio. ¡Quizá usted sea el único *Jesús* que su cónyuge ve!

Ya se trate de que su cónyuge no sea creyente o simplemente que esté pasando un momento de rebeldía espiritual, este estudio está diseñado para ayudarlo a mantenerse en el camino correcto y a permanecer comprometido con lo que la Palabra de Dios dice sobre el asunto.

Labrar la tierra

Puesto que Dios nos diseñó con un cuerpo, alma y espíritu, no es de extrañar que las cuestiones espirituales jueguen un papel tan importante en el matrimonio. Piense en esto: hasta las personas que dicen no creer en Dios pueden manifestar emociones intensas cuando se discuten temas espirituales.

1. ¿Por qué razón puede ser tan importante la religión de una persona en una relación matrimonial?

2. ¿Por qué alguien inconverso podría sentirse atraído hacia una persona cristiana?

3. ¿Por qué una persona cristiana podría sentirse atraída hacia alguien inconverso?

4. ¿Qué características de su cónyuge le atrajeron?

5. Aun en el caso de que ambos cónyuges sean creyentes, puede haber áreas de desigualdad espiritual. ¿En qué cuestiones espirituales difiere usted de su cónyuge?

De acuerdo con el Dr. Fred Lowery, autor del libro *Covenant Marriage* (Matrimonio de pacto) si usted está casado con una persona no creyente, usted tiene *unión* pero no *unidad*. "No hay acuerdo en el nivel más profundo del espíritu", escribe.[1] Cristo no puede estar en el centro del matrimonio a menos que ambas partes le concedan ese lugar.

Plantar la semilla

El perfecto designio de Dios es que un creyente se case con alguien que lo ame y lo sirva a Él. El apóstol Pablo nos advierte en 2 Corintios 6:14: "No formen yunta con los incrédulos. ¿Qué tienen en común la justicia y la maldad?"

Algunas veces, por desobedientes, ignoramos la voz del Espíritu Santo y cedemos a nuestros propios deseos. Aun Pablo, uno de los más grandes evangelistas de todos los tiempos, experimentaba esta lucha interna: "Así que descubro esta ley: que cuando quiero hacer el bien, me acompaña el mal. Porque en lo íntimo de mi ser me deleito en la ley de Dios; pero me doy cuenta de que en los miembros de mi cuerpo hay otra ley, que es la ley del pecado" (Romanos 7:21-23).

Como quizá algunos ya se han dado cuenta, a menudo se paga un precio muy alto por ignorar la sabiduría de Dios. Pero hay esperanza para aquellos que se hayan desviado de la voluntad divina.

6. ¿Cuáles son las razones más comunes por las que se casan creyentes con no creyentes?

7. ¿Qué sucede con frecuencia cuando los creyentes ignoran el mandato de Dios, casándose con personas inconversas?

8. ¿Qué consejo le daría a un amigo cristiano que está enamorado de una persona aparentemente buena pero que no tiene una relación con Cristo?

Sea que nos apartemos de la voluntad de Dios al buscar a nuestro futuro cónyuge o al tomar decisiones equivocadas en otras áreas de nuestra vida, nuestras acciones tendrán consecuencias. Cuando nos volvemos a Dios arrepentidos, Él es misericordioso y perdonador, pero aun debemos vivir con las consecuencias de decisiones pasadas. Pero, a pesar de nuestras circunstancias, Él nos dará fuerzas y gracia para que vivamos victoriosos.

¿Primero viene el amor; luego viene... la conversión?

La atmósfera de un matrimonio puede cambiar rápidamente cuando dos que no son creyentes se casan y luego uno de ellos se convierte a Cristo. Consideremos el ejemplo de los reconocidos autores Lee y Leslie Strobel, quienes escribieron *Surviving a Spiritual Mismatch in Marriage* (Sobreviviendo a la desigualdad espiritual en el matrimonio). Cuando Leslie se hizo creyente, Lee dijo que el matrimonio de cuento de hadas cayó en picada, al menos para él, pues tenía miedo de perder a su esposa por causa de Jesús.[2]

Leslie, sabiamente, obedeció el mandamiento que se encuentra en 1 Pedro 3:1: "Así mismo, esposas, sométanse a sus esposos, de modo que si algunos de ellos no creen en la palabra, puedan ser ganados más por el comportamiento de ustedes que por sus palabras".[3]

Leslie se aseguró de estar atenta a su esposo y a sus necesidades. Aunque ahora habían surgido otros conflictos a causa de su nueva fe, ella se determinó a no predicarle y, en lugar de eso, concentrarse en las actividades que desarrollaban en común. Finalmente, Dios usó a Leslie para conducir a Lee a Cristo.

> **Nota**: *Si un cónyuge no creyente está envuelto en adulterio u otra conducta desviada, la situación se torna más compleja. Se aconseja buscar ayuda de consejeros profesionales cristianos para tratar un caso tan serio. (Para mayor información, ver pág. 23 al final de la sección 1).*

9. ¿Qué dice 1 Corintios 7:12-16 respecto de estar casado con un no creyente que está dispuesto a vivir con su cónyuge creyente?

10. Examine atentamente el versículo 15. ¿Qué cree que significa: "Dios nos ha llamado a vivir en paz"? ¿Qué debería hacer un creyente si está casado con una persona física o emocionalmente abusiva?

11. Uno de los mayores obstáculos de un matrimonio espiritualmente desigual es la manera de criar a los hijos. ¿Cómo podría ser de aliento el versículo 14 para un creyente casado con alguien no creyente?

12. ¿Qué podría hacer un creyente si su cónyuge inconverso le pide que haga cosas que desagradarían a Dios?

No lo diga - hágalo

Los que intentan evangelizar e imponer a Jesús por la fuerza a su cónyuge inconverso muy posiblemente hallen mayor resistencia, y quizá empeoren las cosas. ¿Ha oído alguna vez el dicho: "No hable, actúe"? A veces es mejor mostrar el amor de Jesús a través de nuestras acciones, no solamente por nuestras palabras; y eso es exactamente lo que dice 1 Pedro 3:1.

En el versículo 4, Pedro continúa diciendo que la belleza de la mujer "sea más bien la incorruptible, la que procede de lo íntimo del corazón y consiste en un espíritu suave y apacible. Esta sí que tiene mucho valor delante de Dios."

13. ¿Qué cosas se pueden hacer para desarrollar la belleza interior a la que se refiere 1 Pedro 3?

14. Aun en el matrimonio en que ambos cónyuges son creyentes, es necesario que se demuestren mutuamente el amor de Jesús. Mencione algunas formas prácticas en que pueda mostrar diariamente el amor de Cristo a su cónyuge.

15. Lea acerca del fruto del Espíritu en Gálatas 5:22-23. ¿Qué fruto necesita para desarrollar más plenamente la relación con su cónyuge?

16. ¿Puede recordar alguna ocasión en que sus acciones cristianas le abrieron puertas para compartir su fe con alguien? Describa la experiencia.

¿Cómo lo afectó esa experiencia a usted?

17. ¿Ha sentido alguna vez que perdió una oportunidad para compartir a Cristo con alguien? Describa qué pasó.

Confronte con amor

Como anteriormente leímos en Romanos 7, los cristianos luchan con el pecado e inafortunadamente, tendremos batallas internas hasta el día que Cristo venga. ¿Por qué? Porque somos imperfectos y vivimos en un mundo imperfecto. Habrá momentos en los que hasta el cristiano comprometido tome decisiones equivocadas y caiga en una espiral de pecado.

La Biblia contiene numerosos ejemplos de hombres y mujeres piadosos que fueron desobedientes y tomaron malas decisiones. Consideremos a David, que cometió adulterio con Betsabé. Cuando ella quedo embarazada, David hizo que Urías, su marido, fuera muerto en batalla (vea 2 Samuel 11). Es difícil imaginar que un hombre que amaba tanto a Dios pudiera quedar atrapado en medio de tanta maldad. Esto nos demuestra que ninguno de nosotros es inmune a la influencia del pecado.

Natán, el profeta de Dios, confrontó a David con su pecado y cuando éste finalmente se dio cuenta de lo que había hecho, respondió: "¡He pecado contra el SEÑOR!" (2 Samuel 12:13). Sin embargo, el pecado tuvo sus consecuencias y, a pesar de que David oró y ayunó, ese hijo murió. Pero Dios perdonó a

David y continuó usándolo; de hecho, pasó a la historia como el rey más poderoso de Israel.

En la vida de un creyente puede haber tiempos en que quede bajo el control de un espíritu de rebeldía, que lo lleve por el camino equivocado. Quizá usted tenga que ser un Natán en la vida de su cónyuge y confrontar el pecado. Es una situación que necesita cubrirse con mucha oración, e incluso ayuno, antes de que un cónyuge (o quienquiera otro) se acerque y le señale el pecado. Cuando no sabemos cómo orar "el Espíritu mismo intercede por nosotros" (Romanos 8:26).

Si el que estuviera siendo confrontado fuese usted, ¿cómo reaccionaría?

18. ¿Cuáles son algunas de las cosas que una pareja puede hacer para fomentar el crecimiento espiritual y disminuir el riesgo de rebeldía espiritual?

Ya sea usted el que confronta o el confrontado, es necesario que dependa de la gracia y el poder de Dios para superar cualquier momento de prueba o de dificultad. "Dichoso el que resiste la tentación porque, al salir aprobado, recibirá la corona de la vida que Dios ha prometido a quienes lo aman" (Santiago 1:12).

 Regar la esperanza

Consideremos la historia de Luisa y Tomás Peppin:

> Luisa Peppin estuvo casada durante 71 años con su esposo Tomás, quien no era creyente. Era un buen proveedor y amaba a su familia, pero no quería saber nada con la iglesia. Año tras año, Luisa oraba para que su esposo llegara a conocer a Dios, pero sus ojos nunca lo vieron.
>
> Aunque nunca vio el resultado de sus oraciones, éstas no fueron en vano. Durante el año anterior a la muerte de Luisa, Tomás sufrió una serie de apoplejías y terminó en un hospital en estado de coma parcial. Su nieto Ramón fue a visitarlo el día antes del funeral de su

abuela, y lo encontró lúcido y con oídos atentos a lo que su nieto tenía para compartirle. Ramón oró junto con su abuelo para que recibiera el don de la vida eterna por medio de Jesucristo, y creyó que su abuelo "tuvo la experiencia del ladrón crucificado al lado de Jesús. 'Creo que mi abuelo aceptó todo lo que había estado escuchando durante estos años y entró en el Reino en el último minuto. Es un legado de la fidelidad de mi abuela'".[4]

19. ¿Por qué cree que a Tomás le llevó tanto tiempo reconocer a Jesucristo como Señor y Salvador?

20. ¿Qué perdió durante todos esos años en los que no siguió a Cristo?

20. ¿Por qué cree que Luisa ni se dio por vencida, ni se divorció de Tomás?

20. ¿De qué manera fue santificada la familia por la vida de Luisa (vea 1 Corintios 7:12-14)?

23. ¿Conoce a alguien como Luisa que ha orado por su cónyuge inconverso? Describa el efecto que causó el testimonio de esa persona en otros y, especialmente, en usted.

Puesto que Dios nos dio libre albedrío a cada uno, sólo podemos orar para que nuestros seres amados tomen personalmente la decisión de seguir a Cristo. Santiago 5:16 dice: "La oración del justo es poderosa y eficaz". Si lo desea, puede llevar un diario de oración y registrar sus pedidos y las respuestas a las oraciones que ha hecho por su cónyuge. Aunque sea una persona creyente, su cónyuge necesita apoyo en oración. Usted se sorprenderá al ver cómo Dios oye y responde hasta las peticiones más pequeñas.

En última instancia, todos debemos decidir a quién vamos a servir. Y aunque su cónyuge (u otros seres amados) nunca lleguen a conocer al Señor, una cosa es segura: al sobrevivir a las tormentas y al buscar al Padre con diligencia, ciertamente usted irá siendo más semejante a Jesús.

 Cosechar el fruto

Si este estudio ha tocado un área delicada de su relación matrimonial, usted y su cónyuge necesitarán tratar las cuestiones que hayan surgido. Esto puede requerir consejo profesional, ya sea con su pastor o con un consejero cristiano.

24. ¿Cuál es el beneficio de permanecer junto a un cónyuge que ha elegido no seguir al Señor?

25. ¿Cuáles son los aspectos positivos de su matrimonio que lo alientan a permanecer juntos?

26. Si uno de ustedes (o ambos) no cree en Jesucristo, ¿cuáles son algunas cuestiones que necesita tratar?

Si usted y su cónyuge son creyentes, pueden ser catalizadores para ayudar a otros que experimentan luchas en esta área.

27. ¿Qué le diría a una persona joven de su iglesia que pide su opinión respecto de salir con una persona inconversa?

28. Mire a su alrededor. ¿Hay miembros de su iglesia que asisten solos porque sus cónyuges no quieren acompañarlos? ¿Qué podría hacer usted para animar y sostener a esas personas? ¿A qué actividades podrían invitarlos usted y su cónyuge si uno de ellos no es cristiano?

29. ¿Cómo puede usted fortalecer su propio matrimonio para evitar la rebeldía espiritual?

Esté preparado para compartir a Cristo

¿Está preparado para compartir el plan de salvación de Dios con su cónyuge o con otros inconversos?

Qué compartir acerca de Cristo

- Dios le ama y quiere que tenga vida eterna (vea Juan 3:16).
- El pecado nos mantiene separados de Dios (vea Romanos 3:23; 6:23).
- Jesús pagó el castigo por nuestros pecados al morir en la cruz.
- Sólo su muerte en la cruz puede cerrar la brecha entre Dios y la gente (vea 1 Timoteo 2:5; Romanos 5:8).
- Nuestra respuesta es recibir a Cristo (vea Apocalipsis 3:20; Romanos 10:9).

Cómo recibir a Cristo

- Reconozca que usted es pecador —esto implica una confesión.
- Esté dispuesto a volverse de sus pecados —arrepiéntase.
- Crea que Jesús murió en la cruz y se levantó de la tumba.
- Invite a Jesús a entrar en su vida y controlarla por medio del Espíritu Santo.

Notas

1. Dr. Fred Lowery, *Covenant Marriage* (Matrimonio de pacto), (West Monroe, LA: Howard Publishing, 2003), pág. 76.
2. Lee y Leslie Strobel, *Surviving a Spiritual Mismatch in Marriage* (Sobreviviendo a la desigualdad espiritual en el matrimonio), (Grand Rapids, MI: Zondervan Publishing House, 2002).
3. Ibídem.
4. Al Janssen, *The Marriage Masterpiece* (La obra maestra del matrimonio) (Wheaton, IL: Tyndale House Publishers, 2001), pág. 132-133.

Cómo vivir con un
cónyuge *discapacitado*

*Sino también en nuestros sufrimientos, porque sabemos que el sufrimiento produce
perseverancia; la perseverancia, entereza de carácter; la entereza de carácter, esperanza.*
Romanos 6:3-4

Nacida en 1950, Joni Eareckson era la más pequeña de cuatro hijas que crecieron en un hogar cristiano lleno de afecto. Sus familiares cercanos estaban muy involucrados en una amplia variedad de actividades al aire libre. Además de sus dotes atléticas, Joni fue bendecida con talentos creativos y, tras graduarse en la secundaria, esperaba tener un futuro prometedor.

Sin embargo, un día de julio de 1967 su vida cambió irremisiblemente. Cuando se zambulló en la bahía Chesapeake cerca de su casa de Maryland, advirtió de inmediato que algo andaba mal. Ella había chocado con el fondo de la bahía y se había quebrado el cuello. Como resultado del accidente, su cuerpo quedó paralizado desde los hombros para abajo y debería pasar el resto de su vida en una silla de ruedas, y rodeada de otros que se encargaran de sus necesidades más básicas.

Mientras luchaba con su enojo, con una depresión severa, con pensamientos de suicidio y con una larga rehabilitación, Joni comenzó a entender que Dios tenía un propósito para su vida. Con la ayuda de Dios y el apoyo y aliento de su familia y amigos, hoy Joni goza de una vida activa y plena. A pesar de sus limitaciones físicas, es la autora de 30 éxitos de librería y ha recibido varios premios. Además, es una conferencista muy solicitada, una defensora de los discapacitados y la fundadora y directora de *Joni and Friends* (Joni y sus Amigos), un ministerio que sirve al discapacitado en muchos países de todo el mundo. También conduce un programa radial diario de cinco minutos, que se transmite por aproximadamente 850 estaciones. Aparte de esto, Joni es conocida por su hermosa voz y por los bellos cuadros que pinta sosteniendo el pincel, lápiz o bolígrafo con su boca.[1]

Quizá la parte más notable de la historia es su casamiento con Ken Tada, que tuvo lugar en 1982. Joni se había resignado a permanecer soltera por el resto de su vida hasta que Ken apareció en su vida, y ahora llevan más o menos 20 felices años de casados. Ken, un maestro que se jubiló hace poco, trabaja a tiempo completo junto con Joni en el ministerio Joni and Friends. Ken dice: "Me encanta trabajar junto a mi esposa en un ministerio que comparte las buenas nuevas de Cristo con la gente discapacitada. ¡Es algo de lo que sé bastante!"[2] Recientemente fue honrado con el premio Robert McQuilken del ministerio *Family Life* por su obra "The Courageous Love of a Marriage Covenant Keeper" (El amor intrépido de un guardador del pacto matrimonial).[3]

Tal vez la mayoría de los matrimonios no experimente una discapacidad tan seria como lo es la parálisis de un cónyuge, pero cada matrimonio tendrá sus momentos difíciles. Uno de los cónyuges puede ser afectado por alguna enfermedad de larga duración (como el síndrome de fatiga crónica) o sufrir alguna lesión o enfermedad de corta duración (como una lesión en la espalda o una neumonía), pero que requiere un tiempo de convalecencia extenso. También la depresión clínica puede tener un impacto negativo en un matrimonio. Cualquier dificultad o prueba tiene el potencial de afectar adversamente una relación matrimonial, pero el poder de Dios está al alcance de cada pareja para ayudarlos a triunfar sobre toda adversidad.

 Labrar la tierra

Cuando planeamos nuestras bodas, la mayoría de nosotros no espera pruebas o dificultades. Sin embargo, si en nuestra ceremonia hicimos los votos convencionales, prometimos permanecer juntos en lo bueno y en lo malo.

1. ¿Qué significan para usted estos votos: "en todo tiempo, en riqueza y en pobreza, en salud o enfermedad"?

2. ¿En qué forma una enfermedad que cause debilitación progresiva podría impactar la identidad y la autoestima de una persona?

¿Cómo afectaría la autoestima dañada a la relación matrimonial?

3. ¿Ha experimentado usted o alguien que conozca, una situación en la que su cónyuge estuvo temporal o permanentemente discapacitado? ¿Cómo impactó en el matrimonio?

También situaciones tales como la muerte de un familiar o el ser rechazado para un empleo pueden causar reveses temporales en su vida y afectar su matrimonio. Saber que las pruebas son parte de la vida y estar preparados para afrontarlas es importante para edificar un matrimonio sólido.

Plantar la semilla

Refinado por fuego

Dios nunca dijo que las cosas serían fáciles para nosotros como cristianos. De hecho, Pablo dijo que tendríamos pruebas, pero que esas pruebas tienen un propósito: "Sabemos que el sufrimiento produce perseverancia; la perseverancia, entereza de carácter; la entereza de carácter, esperanza" (Romanos 5:3-4). El apóstol Pedro escribió: "Esto es para ustedes motivo de gran alegría, a pesar de que hasta ahora han tenido que sufrir diversas pruebas por un tiempo. El oro, aunque perecedero, se acrisola al fuego. Así también la fe de ustedes, que vale mucho más que el oro, al ser acrisolada por las pruebas demostrará que es digna de aprobación, gloria y honor cuando Jesucristo se revele" (1 Pedro 1:6-7). Dios permite que experimentemos aflicciones y adversidades, pero saca algo positivo de ellas cuando estamos rendidos a Él.

4. ¿Cómo puede en última instancia el sufrimiento producir esperanza, como describió Pablo en Romanos 5:3-4?

5. Relea 1 Pedro 1:6-7. ¿Ha visto en su propia vida o en otros la evidencia de que las dificultades o problemas han resultado en una fe pura como el oro?

El proceso de refinamiento del oro o de la plata requiere muy alta temperatura. Cuando el metal está derretido, las impurezas quedan en la superficie donde pueden ser eliminadas por el orfebre. Esta es una ilustración de lo que Dios hace por nosotros a través de la adversidad: elimina todas aquellas cosas que nos hacen impuros.

Edificado sobre un cimiento sólido

Mateo 7:24-27 narra la historia del hombre prudente y el insensato.

6. ¿Qué se requiere para tener un cimiento sólido en nuestras vidas?

¿Es más fácil construir sobre la roca o sobre la arena? ¿Cómo se relaciona esto con el hecho de enfrentar adversidades?

7. ¿Cómo puede una pareja fortalecer el cimiento de su matrimonio?

8. ¿Qué tormentas ha tenido que resistir su matrimonio hasta ahora?

¿Qué los ayudó a resistirlas?

9. Uno de los versículos favoritos de Joni Eareckson Tada es 2 Corintios 12:9: "Te basta con mi gracia, pues mi poder se perfecciona en la debilidad". ¿Cómo ha demostrado su vida ese principio?

¿Cómo le impacta ese versículo a usted?

Las palabras de 2 Corintios 12:9 fueron la declaración del Señor en respuesta a las oraciones de Pablo, quien rogaba que Dios le quitara ese aguijón de su carne. Nadie sabe en qué consistía ese aguijón, pero a Pablo le causaba mucho sufrimiento (vea v. 7). Sea lo que haya sido, el Señor no se lo quitó, para que aprendiera a confiar en el poder de Cristo para cumplir su plan. Podemos pedirle a Dios que quite una dificultad de nuestra vida, pero Él no siempre nos responde en la forma que nosotros esperamos.

10. Relea 2 Corintios 12:7-10. ¿Cómo ha experimentado usted que el poder de Cristo se perfecciona en su debilidad?

¿En que área necesita ese poder hoy?

Es necesario que nos demos cuenta de que la vida nos traerá tormentas, y debemos estar preparados para enfrentarlas consolidando nuestro matrimonio en el cimiento seguro de Dios, Jesucristo. Al fortalecer nuestra relación con Él, nuestro matrimonio será más sólido y resistirá las presiones diarias sin importar cuáles sean las circunstancias.

Cobertura de oración

Una mujer escribió una carta a la revista *Marriage Partnership* (Sociedad matrimonial) para preguntar cómo podía ayudar a su marido, que puede tener esclerosis múltiple (EM). Contaba que los síntomas ya lo han deteriorado mucho.

Gary y Carrie Oliver, quienes se especializan en asuntos matrimoniales y familiares, respondieron a su pregunta, sugiriéndole que "gran parte de la identidad del hombre se basa en su capacidad de hacer cosas 'masculinas': proveer, procrear y proteger".[4] Es normal que un hombre experimente una amplia gama de emociones en una situación tan difícil, y la animaron a identificar sus propias emociones para poder interactuar mejor con su esposo. Los consejeros también la animaron a ponerse en contacto con un grupo de apoyo para enfermos de EM en el área donde viven.[5]

En conclusión, le dijeron que era esencial que les pidiera a otras parejas que oraran diariamente por ella y su esposo, y regularmente con ellos. Luego la remitieron al pasaje de Santiago 5:16, que afirma: "La oración del justo es poderosa y eficaz".[6]

Los Oliver también escribieron: "No estamos 'espiritualizando' ni hablando por hablar cuando recalcamos la importancia del poder de la oración. Ese poder ha transformado nuestro propio matrimonio y desde hace más de treinta años venimos viendo lo que la oración puede hacer en las vidas de muchos otros matrimonios y familias".[7]

No importa cuál sea la aflicción que usted o su cónyuge esté experimentando, sean diligentes en la oración, separadamente y juntos como matrimonio, tanto como les sea posible. Las Escrituras prometen: "Ésta es la confianza que tenemos al acercarnos a Dios: que si pedimos conforme a su voluntad, él nos oye. Y si sabemos que Dios oye todas nuestras oraciones, podemos estar seguros de que ya tenemos lo que le hemos pedido" (1 Juan 5:14-15). Dios nos ama y oye nuestro clamor de ayuda, y quiere que dependamos de Él para todas las cosas, grandes o pequeñas.

11. ¿Qué diferencia se logra al orar juntos diariamente en un matrimonio?

¿Con qué frecuencia oran juntos usted y su cónyuge?

12. ¿Qué oraciones han sido respondidas recientemente?

12. ¿De qué forma la oración ha marcado la diferencia en su matrimonio?

¿En otros matrimonios que conozca?

No solamente podemos recurrir al Señor en oración como pareja, sino que también podemos acudir a otros creyentes para que nos apoyen en oración. Los Oliver sugerían que la mujer que les escribió debería buscar un grupo de apoyo que los ayudaran a ella y a su marido a sobrevivir a esta terrible tormenta de sus vidas. Otros, que han pasado o están pasando por circunstancias similares, pueden ser de inmenso aliento, ayuda y apoyo. Si usted está realizando este estudio con un grupo pequeño, es una gran oportunidad para formar un grupo de apoyo para orar y alentarse mutuamente. Si no es parte de un grupo pequeño, busque una oportunidad de formar uno con personas creyentes.

14. ¿A quién puede usted recurrir, aparte de su familia, para recibir apoyo, oración y aliento en los tiempos difíciles?

Si no puede nombrar por lo menos dos personas a las que podría acudir en tiempos de adversidad, ¿qué podría hacer para formar relaciones de apoyo mutuo?

Jamás se enfatizará demasiado la importancia de la oración. Si ustedes no oran juntos regularmente, acuerden un plan de acción y esfuércense hasta hacer de la oración una parte de sus actividades diarias. Además de sus necesidades personales, recuerden orar por aquellas parejas que conozcan que estén pasando por pruebas.

El Creador nos hizo y sabe exactamente cómo estamos formados. Si tuviéramos algún problema con nuestra casa, llamaríamos al constructor; entonces, ¿por qué no acudir a Dios cuando alguna enfermedad o infortunio nos afecta espiritual, emocional o físicamente?

Consideremos la historia de Lucas y Lillian:

Lucas había trabajado duro como vendedor de seguros durante más de 30 años, y esperaba ansiosamente poder jubilarse tempranamente a los 57. Él y su esposa Lillian lo habían planeado cuidadosamente y habían recortado otros gastos, ahorrando dinero para esta nueva etapa de sus vidas. Ambos proyectaban recorrer el país en su nueva casa rodante y ya habían trazado el recorrido de su primer viaje. Apenas unas semanas antes de jubilarse, Lucas contestó un llamado a su oficina una tarde y oyó la voz quebrada de Lillian al otro lado del teléfono.

"Lucas," comenzó a decir, pero luego su voz se quebró. Después de calmarse, continuó: "El médico me acaba de decir que los rayos X muestran que hay una mancha sospechosa en mi hígado". Lillian comenzó a llorar suavemente. "Y quiere que vaya el viernes para operarme." Lucas saltó de su silla y le dijo que iba inmediatamente a casa.

Los planes que habían proyectado quedaron suspendidos mientras hacían las visitas al médico, a los hospitales y las sesiones de quimioterapia. A pesar de que Lillian protestó, Lucas vendió la casa rodante y le dijo que, después de todo, prefería quedarse en casa. Cuando Lillian perdió el cabello, él se afeitó la cabeza para admirar cómo sus cabezas hacían juego. Sus hijos estaban maravillados al ver que su padre era tan amable y paciente para cuidar de su madre.

Finalmente, los médicos les dijeron que no había más nada qué hacer y que sólo le quedaba un año o dos de vida. Entonces Lucas organizó un corto viaje a aquella cabaña en la que se habían alojado cuando estuvieron de luna de miel 37 años antes. Ambos disfrutaron de un tiempo de bendición del cielo, mientras pescaban, oraban, caminaban y recordaban momentos de su vida juntos. Quince cortos meses más tarde Lillian murió en su hogar en los tiernos brazos de Lucas y rodeada de sus hijos.

Cuando le preguntaron a Lucas cómo había sobrevivido a esta dura prueba, sólo pudo decir: "Ella nunca fue una carga para mí. Fue una bendición poder amarla y cuidarla de la misma manera que ella lo había hecho conmigo durante 38 años. Sé que algún día estaremos juntos en el cielo".[8]

15. ¿Qué legado dejó el matrimonio de Lucas y Lillian para sus hijos y nietos?

16. Muchas veces nuestros sueños no se realizan como nosotros esperábamos. ¿Cómo reacciona usted cuando sus planes se interrumpen o se frustran?

17. ¿Cómo podrían otros ministrar a parejas como Lucas y Lillian?

18. ¿Conoce a alguien como Lucas que sirve voluntariamente a su esposo o esposa? ¿Qué ha aprendido de ese modelo de matrimonio?

Aunque usted o su cónyuge nunca padezcan una enfermedad o afección que debilite progresivamente, habrá tiempos en que uno de los cónyuges debe dar más del cien por cien de sí al otro, como por ejemplo durante una enfermedad, tristeza, depresión u otro estrés físico o emocional. Incluso los momentos felices, como el nacimiento de un bebé, un traslado a otro puesto de trabajo, las vacaciones, etc., pueden añadir mayor estrés al matrimonio. Cuanto más profundamente esté cimentado nuestro matrimonio en la Palabra de Dios y en una relación más íntima con Él, tanto mejor podremos sobrevivir a las tormentas de la vida.

19. ¿Qué es necesario que hagan usted y su cónyuge para fortalecer el cimiento de su matrimonio para resistir las tormentas de la vida?

20. ¿Cuáles son algunos momentos felices que han sumado estrés a su matrimonio?

21. ¿De qué forma le ha mostrado su cónyuge amor, compasión y ternura durante un tiempo difícil? ¿Le ha dado las gracias por ese apoyo?

22. ¿En qué situaciones debe mostrar compasión, amor y ternura hacia su cónyuge?

¿Debe pedirle perdón a su cónyuge por haberlo descuidado durante un momento difícil?

23. ¿Cómo podrían usted y su cónyuge ser de apoyo a alguien que esté pasando momentos de dificultad en su matrimonio?

Pablo nos ordenó: "Sean bondadosos y compasivos unos con otros, y perdónense mutuamente, así como Dios los perdonó a ustedes en Cristo. Por tanto, imiten a Dios... y lleven una vida de amor, así como Cristo nos amó y se entregó a sí mismo por nosotros como ofrenda y sacrificio fragante para Dios". (Efesios 4:32-5:2). Oren juntos, pidiendo a Dios que los ayude a practicar la benevolencia, la compasión y el perdón.

Notas

1. Women of Faith (Mujeres de Fe), "Joni Eareckson Tada," *History's Women Newsletter.* http://www.historyswomen.com/joni/html (visitada el 20 de enero de 2003); "About Joni," *Joni and Friends* (Joni y sus Amigos), http://www.joniandfriends.org/tadabio/shtml (visitada el 20 de enero de 2003)

2. "Ken And Joni Tada: Twenty Years of Marriage and Service Together" (Ken y Joni Tada: Veinte años de matrimonio y servicio juntos), *Joni and Friends*, http://www.joniandfriends.org/root/ken_joni.shtml (visitada el 20 de enero de 2003).

3. *Ibíd.*

4. Gary y Carrie Collins, "Couple Counsel" (Consejos para parejas), Marriage Partnership 19, no. 3 (Otoño 2002), pág. 21.

5. *Ibíd.*

6. *Ibíd.*

7. *Ibíd.*

8. Esta es una compilación de varias historias. Toda semejanza con una situación real es pura coincidencia..

Cómo vivir con un
corazón *esperanzado*

*Todos ellos vivieron por la fe, y murieron sin haber recibido las cosas prometidas;
más bien, las reconocieron a lo lejos.*

Hebreos 11:13

Recientemente vi la entrevista a un hombre admirable llamado Garwin Dobbins en *The Austin Awakening* (El despertar de Austin), un programa televisivo que se transmite en varias redes cristianas. Garwin tiene una rara enfermedad que hace que sus músculos se conviertan en hueso. "Siento como si dos personas estuvieran retorciendo la médula de los huesos y poniéndola sobre fuego", explicó.[1]

A pesar de su enfermedad, Garwin dijo que está agradecido por muchas cosas. En referencia a su valoración de la vista, dijo: "Cuando miro a mi alrededor y veo los colores, sé que Él cuida de mí".[1]

Yo no estaba del todo preparado para lo que ocurriría después del breve reportaje. Unos hombres ayudaron a Garwin a salir de su silla de ruedas y lo sostuvieron para que cantara. Mientras se apoyaba en su bastón, comenzó a cantar con una débil voz el coro de la famosa canción "I Can Only Imagine" (Sólo puedo imaginarme) de MercyMe[3]. La letra expresaba su expectativa de deleitarse en la gloria de Jesucristo allí en los cielos. Aunque su cuerpo estaba atormentado por el dolor, él sabía que toda la angustia de esta vida algún día se desvanecería en la luz que emana del perfecto rostro de Jesús. El pensamiento era anonadante: la canción dejaba fluir naturalmente la indescriptible esperanza que manaba de su interior.

Aunque su cuerpo sufre dolor, Garwin Dobbins no fija sus ojos en esta vida; ¡su esperanza descansa en Jesús y en lo que está por venir! Él no se preocupa por su salud física porque sabe que pronto tendrá un cuerpo glorificado en el cielo. Garwin tiene el espíritu de un campeón.

¿Tiene usted ese mismo espíritu de campeón cuando se trata de su matrimonio? No muchos de nosotros llegamos al matrimonio esperando tener un cónyuge infiel, inconverso o discapacitado. Pero cuando la dicha se transforma en desconcierto, podemos acudir a las Escrituras para encontrar consuelo. En la Palabra de Dios podemos ver cómo el panorama completo se revela gradualmente, y recordar que los que tienen una relación personal con Cristo pasarán la eternidad con Él en el cielo, donde no habrá tristeza ni dolor.

 Labrar la tierra

Durante 34 de los 37 años de su matrimonio, Laura ha servido fielmente al Señor mientras que su marido, Ramón, se apartó de Dios. Laura y Ramón ya habían estado separados una vez, varios años antes, por causa de la infidelidad de él, pero volvieron a estar juntos. Laura le sugirió que fueran a ver a un consejero matrimonial, pero Ramón cree que tienen un gran matrimonio y no quiere ir.

A pesar de las circunstancias, Laura está determinada a perseverar y sacar el mayor provecho a su matrimonio. Ella sabe que su esposo la ama y que tienen mucho en común además de que disfrutan haciendo cosas juntos. Sin embargo, jamás han experimentado la profundidad espiritual que disfruta una pareja cristiana. Pero Laura tiene la esperanza de que algún día ellos alcanzarán esa unidad espiritual.

¿Ha encontrado Laura felicidad y satisfacción en su matrimonio? Probablemente no como lo había esperado, pero persiste y continúa orando por su esposo, concentrándose en Dios y no en sus circunstancias. Laura ha permanecido fiel a Ramón y a Dios, y abriga la esperanza de que las cosas cambien. Pero si no, al menos tendrá la certeza de saber que obedeció a Dios permaneciendo en el matrimonio.

1. ¿Cómo puede una pareja que no tiene unidad espiritual tener sin embargo un buen matrimonio?

2. ¿Cómo puede una persona mantener viva la esperanza en los tiempos difíciles?

3. ¿Conoce a alguien como Garwin Dobbins que sea de aliento para otros a pesar de su grave enfermedad o dificultad? ¿De qué forma lo ha alentado o ha fortalecido su propia fe?

Cuando su esperanza está en el Señor, las circunstancias difíciles son más fáciles de soportar. Examinemos ejemplos bíblicos de corazones esperanzados para que nos infundan aliento.

Plantar la semilla

Hebreos 11 es un poderoso capítulo lleno de esperanza. En pocas palabras, este capítulo nos presenta a héroes de la Biblia que sirvieron a Dios aunque fuera difícil –hombres y mujeres, incluidos Noé, Abraham y Sara, Moisés, Rahab, entre otros. A pesar de que su obediencia a Dios les acarreó maltrato, prisiones, torturas, etc., ninguno de ellos recibió todas las cosas que Dios les había prometido; al menos no mientras vivieron. Su fe estaba puesta en el Padre eterno, no en el bienestar terrenal, pues sabían que Dios es soberano y que tiene un plan eterno.

Por fe, Moisés dejo su vida de comodidades como hijo de la hija del Faraón para convertirse en líder de un grupo de esclavos quejosos.

4. ¿Cuál es la definición de "fe" en Hebreos 11:1?

¿Qué significa para usted?

5. ¿Por qué es imposible agradar a Dios sin tener fe (vea Hebreos 11:6)?

6. Después de leer Hebreos 11:23-28, haga una lista de las formas en que Moisés caminó por fe.

7. De acuerdo con Hebreos 11:25-26, ¿a qué *eligió* renunciar Moisés y por qué?

De acuerdo con el versículo 27, ¿por qué perseveró Moisés?

Si estuviera en una situación similar a la que experimentó Moisés, ¿cree que se daría por vencido o que perseveraría? ¿Por qué?

8. ¿Cómo puede darle esperanza la historia de Moisés?

9. ¿Por qué razón cree que la gente, incluso muchos cristianos, no pone su esperanza en Dios?

Como líder de los israelitas, Moisés soportó muchas penurias al esforzar-se en obedecer para conducir al pueblo de la esclavitud a la libertad. Pero ese pueblo que lideraba no quería ser guiado. Por el contrario, se quejaba, renega-ba, se rebelaba, cuestionaba su liderazgo. Después de 40 años de vagar por el desierto, a Moisés no se le permitió entrar a la Tierra Prometida por su pro-pio pecado y falta de confianza (vea Números 20:12). Imagínese la decepción que sintió cuando subió al monte Nebo, y el Señor le mostró la tierra, dicién-dole: "Éste es el territorio que juré a Abraham, Isaac y Jacob que daría a sus descendientes. Te he permitido verlo con tus propios ojos, pero no podrás entrar en él" (Deuteronomio 34:4).

Aunque Moisés no llegó a entrar en la Tierra Prometida, Dios lo usó para preparar a los israelitas para lo que estaba por delante. Las Escrituras nos dicen que "nadie ha demostrado jamás tener un poder tan extraordinario, ni ha sido capaz de realizar las proezas que hizo Moisés ante todo Israel" (Deuteronomio 34:12). Por su fe perseverante, Moisés fue incluido en Hebreos 11, capítulo que algunos llaman la Galería de la Fama de la Fe.

10. ¿Qué dice Hebreos 11:39 acerca de las promesas de Dios? ¿Qué significa eso para usted?

Piense en la fe de Abraham y Sara, quienes lucharon contra la esterilidad, aunque Dios les había prometido que les daría un hijo. Cuando por primera vez le dijeron a Sara que iba a tener un hijo ya pasada la edad para procrear, se rió. ¡Pero su incredulidad se convirtió en fe cuando descubrió que *estaba* embarazada! En ese momento tuvo un cambio de actitud y, como resultado, su fe creció.

La fe de Abraham fue probada aun más duramente. De acuerdo con Matthew Henry: "La mayor prueba y acto de fe que se haya registrado fue cuando Abraham ofreció a Isaac"[4] (vea Génesis 22:1-13). ¿Puede imaginárselo dispuesto a sacrificar al hijo que toda su vida esperó poder tener, el hijo que Dios prometió una y otra vez? ¿Y qué cree usted que Isaac estaba pensando cuando su padre lo acostó sobre el altar? ¡Ambos sintieron alivio cuando el ángel del Señor le dijo a Abraham que no matara a Isaac y proveyó un sacrificio sustituto! Abraham fue obediente más allá de la razón humana, y Dios le devolvió a su hijo. Lo que es aun más significativo, prometió que bendeciría a Abraham y a sus descendientes (vea Génesis 22:17-18).

11. Cuando Abraham murió, la mayoría de las promesas que Dios le había dado (descendencia numerosa, posesión de la tierra, bendición para todas las naciones de la tierra) no se habían cumplido. ¿Desafía esto su fe en las promesas de Dios? ¿Por qué o por qué no?

La fe siempre ha distinguido a los siervos de Dios. Al observar la lista de hombres y mujeres incluidos en Hebreos 11, sin embargo, nos acordamos de que ninguno de ellos era perfecto. Consideremos a Rahab por ejemplo. Ella era prostituta y gentil, una pagana; pero demostró tener fe y arriesgó su vida por el pueblo de Dios (vea Josué 2) y fue galardonada por su fe (vea Josué 6:22-25; Mateo 1:5).

Entonces, ¿cómo se relaciona la fe con la esperanza? En esencia, la fe significa "certeza y confianza en lo que Dios ha prometido".[5] "Aquellas mismas cosas que son objeto de nuestra esperanza", explica Matthew Henry, "son objeto de nuestra fe".[6]

Una esperanza eterna

Mientras que las historias de algunos personajes bíblicos tuvieron un final feliz (vea Hebreos 11:5, 31, 3-34), muchos otros no (vea vv. 4, 35-38). Durante siglos, hombres y mujeres han enfrentado la persecución por causa de su fe, siendo muertos, apedreados y dejados en total desamparo. Aun así, para ellos valió la pena porque su esperanza estaba en el Señor (vea vv. 39-40).

12.   ¿Qué reciben los que son fieles (vea Hebreos11:6, 40)?

Quizá usted conozca a alguien como Laura que ha permanecido fiel a Dios en cuanto al matrimonio pero todavía no ha experimentado el fruto de la obediencia. Nos parece injusto, ¿no es así? Lo cierto es que, aun sirviendo al Señor con fidelidad, las Escrituras no prometen que la vida de los creyentes será fácil; pero tenemos la esperanza de que el poder y la fortaleza de Dios nos ayudarán a soportar victoriosamente hasta el fin. La última noche antes de su muerte Jesús les advirtió a sus discípulos: "En este mundo afrontarán aflicciones, pero ¡anímense! Yo he vencido al mundo" (Juan 16:33).

13.   ¿Qué quiso decir Jesús cuando dijo que Él ha "vencido al mundo"?

14.   ¿Qué dice Romanos 8:24-25 acerca de la esperanza?

¿En qué área de su matrimonio necesita usted tener esperanza en el invisible?

15. Romanos 8:28 a menudo es citado para alentar a la gente que está afrontando problemas. ¿Es de aliento para usted? Explique.

En aquellos matrimonios en los que uno de los cónyuges debe dar más del cien por cien, el corazón de ese cónyuge se duele una y otra vez. Pero Dios recompensa esa fidelidad, pues la desdicha temporal que experimenta en esta tierra se desvanecerá cuando Él le dé la bienvenida al cielo y le diga: "¡Hiciste bien, siervo bueno y fiel!" (Mateo 25:21).

16. ¿Por qué cree usted que Dios permite que los cristianos sufran, o experimenten, infortunios?

17. ¿Ha visto alguna vez surgir algo positivo de un matrimonio que parecía desigual?

Cualesquiera sean sus circunstancias, es importante permanecer confiando en el plan de Dios. Como afirmó Al Janssen en *The Marriage Masterpiece*: "Si Dios puede tomar el matrimonio de Oseas como un medio para ministrar a la nación de Israel, entonces probablemente pueda usar a cualquier matrimonio en que uno de los cónyuges esté dispuesto a dejar que Dios obre. Como Dios no está dispuesto a darse por vencido en su matrimonio con Israel y la Iglesia, creo que tampoco se dará por vencido en cualquier matrimonio donde al menos una de las partes esté entregada a Él".[7]

Regar la esperanza

A lo largo de este estudio hemos hablado de diferentes tipos de matrimonios abnegados, y llegamos a la conclusión de que, aun en momentos de aflicción, Dios desea que honremos nuestro compromiso con Él y con nuestro cónyuge. La esperanza de lo que está por venir sobrepasa cualquier cosa que podamos experimentar en esta tierra.

Piense acerca del siguiente ejemplo y cómo afrontaría una situación semejante: ¿Mantendría la esperanza?

> Siete años atrás a Arturo, el esposo de Sheila, se le detectó un tumor cerebral, y su salud fue deteriorándose gradualmente. Él tuvo que dejar de trabajar, pero Sheila debió seguir trabajando porque necesitaba desesperadamente el seguro de salud. Mientras ella trabaja, viene una enfermera para asegurarse de que Arturo tiene todo lo que le hace falta. Físicamente, el cáncer ha tenido un efecto devastador, pero lo peor es el lado emocional. La parte del cerebro que controla las emociones de Arturo ya no funciona adecuadamente por lo que no es capaz de expresar sus sentimientos. Cuando Sheila lo abraza, él ni siquiera la rodea con sus brazos. No se imagina que Sheila ansía que él la tenga tiernamente en sus brazos.[8]

18. ¿Qué puede hacer Sheila para mantener viva la esperanza?

19. Si usted tuviera una enfermedad de debilitación progresiva como la que tenía Arturo y aún tuviera uso de sus facultades mentales, ¿qué haría para mantener viva la esperanza?

20. ¿Cómo puede una pareja hacer frente al abatimiento espiritual y al sentido de desesperanza que acompañan una enfermedad como ésa o alguna otra terrible circunstancia?

21. ¿De qué manera podría ayudar la iglesia a las parejas que se encuentran en situaciones similares?

Infortunadamente, algunas iglesias y muchos individuos no saben cómo actuar frente a las parejas que atraviesan circunstancias difíciles. En la mayoría de los casos, las parejas que luchan por causa de la infidelidad, incredulidad o discapacidad de uno de los cónyuges (o alguna otra situación familiar complicada), son abandonadas. Por eso es necesario que la iglesia responda en la práctica con compasión, amor y aliento.

 Cosechar el fruto

Cuando los creyentes sufren, tenemos la esperanza siempre presente en un Dios amoroso que envió a su amado Hijo a morir por nosotros. Aun en los momentos tristes o en las situaciones cambiantes de la vida, el saber que Dios se complace con nuestra fidelidad nos trae esperanza y gozo duraderos.

Esta es nuestra oración por usted: "Que el Dios de la esperanza los llene de toda alegría y paz a ustedes que creen en él, para que rebosen de esperanza por el poder del Espíritu Santo" (Romanos 15:13).

22. ¿De qué forma este estudio lo ha hecho más consciente de la necesidad de ser fiel a su cónyuge y a Dios en toda circunstancia?

23. En una escala del 1 al 10 (donde el 1 equivale a no tener ninguna esperanza y el 10, a la mayor esperanza), ¿cuánta esperanza tenía en cuanto a su matrimonio antes de completar este estudio? ¿Ha habido algún cambio en su nivel de esperanza?

24. Ahora que ha completado las cuatro sesiones de *La abnegación en el matrimonio*, ¿qué pasos darán como pareja para consolidar aún más el fundamento de su matrimonio?

25. ¿Cómo podría usted ayudar a otras parejas que necesitan la esperanza de Cristo en un matrimonio con problemas?

Notas

1. Garwin Dobbins, entrevistado por Randy Phillips en *The Austin Awakening*, Day Star Television, 7 de diciembre de 2002.

2. *Ibíd.*

3. Bart Millard, "I Can Only Imagine" © 2002 Simpleville Music.

4. Matthew Henry, "Commentary on Hebrew 11," *Matthew Henry Concise Commentary on the Whole Bible*, www.crosswalk.com (visitada el 3 de noviembre de 2002).

5. *Ibíd.*

6. Al Janssen, *The Marriage Masterpiece* (La obra maestra del matrimonio) (Wheaton, IL: Tyndale House Publishers, 2001), pág. 135-136.

7. Esta es una compilación de varias historias. Toda semejanza con una situación real es pura coincidencia.

Guía de discusión
para el líder

Pautas generales

1. En lo posible, el grupo debería ser liderado por una pareja casada. Esto no significa que ambos esposos deban conducir las discusiones grupales; quizá uno es más apto para fomentar el debate mientras que el otro se desempeña mejor en la organización o ayudando a formar y consolidar relaciones; pero el matrimonio líder debería compartir responsabilidades en todo lo que sea posible.

2. En la primera reunión, asegúrense de exponer claramente las reglas fundamentales para los debates grupales, recalcando que el seguir dichas reglas contribuirá a que todos se sientan cómodos durante los tiempos de discusión.

   a. Ningún participante puede compartir detalles de índole personal o que puedan avergonzar a su cónyuge, sin haberle pedido previamente su autorización.

   b. Sea cual fuere el tema discutido en las reuniones grupales, tiene carácter confidencial, y debe ser mantenido en la más absoluta reserva, sin trascender más allá de los miembros del grupo.

   c. Dé lugar a que participen todos los miembros del grupo. Sin embargo, como líder, no fuerce a ninguno a contestar alguna pregunta si no se muestra dispuesto a hacerlo. Sea sensible a los diferentes tipos de personalidad y estilos de comunicación de los integrantes del grupo.

3. El tiempo de comunión es muy importante para consolidar relaciones en un grupo pequeño. El suministrar bebidas y/o un refrigerio, ya sea antes o después de cada sesión, fomentará un tiempo de comunión informal con los demás miembros.

4. La mayoría de la gente tiene vidas muy ocupadas; respeten el tiempo de los integrantes de su grupo comenzando y terminando puntualmente las reuniones.

La Guía para el ministerio de matrimonios de Enfoque a la Familia *tiene aún más información sobre cómo iniciar y liderar un grupo pequeño, y es un recurso de inapreciable valor para guiar a otros a través de este estudio.*

Cómo usar este material

1. Cada sesión cuenta con material más que suficiente para cubrir un período de enseñanza de 45 minutos. Probablemente el tiempo no alcance para discutir cada una de las preguntas en la sesión, así que prepárense para cada reunión seleccionando previamente las que consideran como las más importantes para tratar en grupo; debatan otras preguntas si el tiempo lo permite. Asegúrense de reservar los últimos 10 minutos de la reunión para que cada pareja interactúe individualmente y para orar juntos antes de despedirse.

    Plan opcional de ocho sesiones: Si desean llegar a cubrir todo el material presentado en cada sesión, pueden dividirla fácilmente en dos partes. Cada sección de la sesión consta de suficientes preguntas como para dividirla por la mitad, y las secciones de estudio bíblico (Plantar la semilla) están divididas en dos o tres secciones que pueden utilizarse para enseñar en sesiones separadas. (En la guía del líder grupal encontrarán más ayuda sobre cómo hacerlo.)

2. Cada cónyuge debería tener su propia copia del libro para contestar las preguntas personalmente. El plan general de este estudio es que las parejas completen las preguntas en sus casas y luego traigan sus libros a la reunión para compartir lo que hayan aprendido durante la semana.

    Sin embargo, la experiencia de liderar grupos pequeños hoy en día demuestra que a algunos miembros les resultará complicado realizar las tareas. Si este es el caso de su grupo, consideren la posibilidad de adaptar las lecciones para que los miembros completen el estudio durante el tiempo de reunión a medida que los guía en la lección. Si utilizan este método, asegúrense de animar a los integrantes a compartir sus respuestas individuales con sus cónyuges durante la semana (tal vez alguna noche que destinen específicamente para ello).

| Sesión uno | Cómo tratar con un cónyuge infiel |

Nota para los líderes: *Este estudio bíblico está basado en* The Marriage Masterpiece[1], *de Al Janssen. Les recomendamos que lea los capítulos 12 y 13 como preparación para conducir este estudio.*

Antes de la reunión

1. Reúna materiales para hacer tarjetas de identificación. También consiga Biblias, lápices o bolígrafos extra y fichas de 3x5 pulgadas.

2. Haga fotocopias del **Formulario para pedidos de oración** (vea la *Guía para el ministerio de matrimonios de Enfoque a la Familia,* en la sección de "Formularios fotocopiables") o cuente con fichas para registrar los pedidos.

3. Lea sus propias respuestas a las preguntas, marcando las que desea que se debatan en el grupo. También resalte los versículos clave que crea apropiados para compartir durante el estudio.

4. Prepare papelitos con las citas bíblicas de los versículos que usted querrá que sean leídos en voz alta durante las sesiones. Si lo desea, puede distribuirlos a medida que llegan los integrantes, pero sea sensible a los que se sientan incómodos al leer en voz alta o que no estén familiarizados con la Biblia.

5. Reúna los elementos necesarios para cualquiera de los dos juegos de la sección Rompehielos (vea más abajo).

Rompehielos

1. Si ésta es la primera vez que este grupo de parejas se reúne, haga que todos se presenten y que cuenten brevemente cómo se conocieron y el tiempo que llevan casados y un hecho interesante sobre su esposo o esposa. Asegúrese de recordarles que no revelen detalles relativos a sus cónyuges que pudieran causarles incomodidad al ser compartidos.

2. **Opción 1:** Busque ejemplos de la forma en que nuestra cultura glorifica la infidelidad. Los ejemplos pueden incluir promociones de películas o

espectáculos televisivos, titulares de periódicos y revistas, o avisos publicitarios de la televisión o de los periódicos. Muestre estos ejemplos e invite a los integrantes a debatir sobre cómo y por qué nuestra cultura exalta la infidelidad sexual.

3. **Opción 2:** Reúna ayudas visuales de otras cosas que no representen la infidelidad sexual pero que pueden hacer que los cónyuges se desvíen del compromiso matrimonial. Algunos ejemplos de las cosas que podría conseguir incluyen: dinero, equipamiento deportivo, una foto familiar, un calendario de actividades de la iglesia o algún otro calendario, una computadora portátil, un teléfono celular, etc. Puede traer los objetos o figuras de los mismos. Muestre un elemento a cada pareja (o a cada persona, si cuenta con la cantidad suficiente), y pida que cada una explique cómo podría relacionarse eso con alguna forma de infidelidad. Por ejemplo, el dinero puede representar a un cónyuge que oculta el dinero, o también a uno que está sumido en su trabajo y en su deseo de ganar dinero, ignorando a la familia. El teléfono celular podría representar pasar más tiempo con amigos que con el cónyuge.

Discusión

1. **Labrar la tierra:** Debatan las preguntas 1 a 3. Si no eligió la opción 2 para hacer en la sección Rompehielos, podría usar esa actividad en lugar de limitarse a responder a la pregunta 3. Si eligió la opción 2, omita la pregunta 3.

2. **Plantar la semilla:** Antes de debatir las preguntas 4-11, invite a cuatro voluntarios que lean Oseas 1 al 3 en voz alta (un voluntario para cada capítulo). Continúen discutiendo el resto de las preguntas, excepto de la 14 a la 16, que serán debatidas en pareja durante la sección "Cosechar el fruto". Si algunos miembros del grupo están dispuestos, invítelos a compartir sus respuestas a la pregunta 15 sobre cómo manejan ellos la tentación. Esto puede ser de aliento para los que no saben cómo hacerlo.

3. **Regar la esperanza:** El estudio del caso y las preguntas de esta sección ayudarán a los miembros a llevar el estudio bíblico a la realidad de sus propias expectativas versus el plan de Dios. No descuide esta parte del estudio, pues traslada la lección completa al aquí y ahora, aplicando la Palabra de Dios a la vida diaria.

Divida al grupo en hombres y mujeres para discutir las preguntas 24 a 28. Luego pida que ambos compartan con todo el grupo sus respuestas a la pregunta 26 acerca de cómo salvaguardar el matrimonio contra las aventuras extramatrimoniales.

4. **Cosechar el Fruto**: Esta sección tiene como propósito ayudar a cada pareja a aplicar la lección a su propio matrimonio y puede abordarse de diferentes maneras:

a. Prevea un tiempo al final de la reunión para que cada pareja hable a solas. Esto requerirá lugar para estar aislados, con suficiente espacio entre una y otra pareja para permitir que tengan una conversación tranquila y privada.

Si las parejas ya han contestado las preguntas individualmente, éste sería el momento oportuno para compartir sus respuestas. Asigne un límite de tiempo, subrayando que pueden continuar el debate en casa, si no alcanzan a contestarlas todas allí.

Si las parejas no han contestado las preguntas antes de la reunión, haga que las respondan juntos ahora. Esto resulta mejor cuando no hay límite de tiempo para que las parejas se queden hasta terminar su debate, lo cual requerirá que los líderes se queden hasta que termine la última pareja.

b. Instruya a las parejas para que completen esta sección en casa durante la semana después de la reunión. Esto les permitirá disponer de un tiempo tranquilo y en privado para tratar las cuestiones que puedan surgir y disponer del tiempo necesario para concluir su debate. Usted continuará en la reunión siguiente, haciendo saber a cada pareja que será responsable de haber completado esta parte de la lección.

c. En ocasiones puede ser ventajoso reunir a dos parejas para discutir las preguntas. Esto puede ayudar a consolidar el sentido de responsabilidad en el estudio.

Asigne tiempo para que cada pareja individual se reúna a completar esta sección de las preguntas. Anime a cada persona a buscar en el grupo a alguien de su mismo sexo para rendirse cuentas mutuamente por la fidelidad en su matrimonio.

5. **Concluyan con oración**: Una parte importante de toda relación de grupo pequeño es el tiempo dedicado a orar unos por otros. Esto también puede llevarse a cabo de distintas formas:

a. Haga que las parejas escriban sus pedidos de oración específicos en el formulario de oración (o en las fichas). Estos pedidos pueden compartirse con todo el grupo o intercambiarse con los de otras parejas como compañeros de oración durante la semana. Si deciden compartir los pedidos, oren como grupo antes de finalizar la reunión; si los intercambian, asigne un tiempo a los compañeros de oración para que oren juntos.

b. Reúna al grupo y dirija a las parejas en una oración guiada.

c. Pida que cada pareja individual ore junta.

d. Divida al grupo en hombres y mujeres. Haga que oren por sus matrimonios, pidiendo a Dios que revele cualquier área en la que puedan haber sido infieles a su cónyuge.

Después de la reunión

1. **Evalúe**: Dedique tiempo a evaluar la efectividad de las reuniones (vea la *Guía para el ministerio de matrimonios de Enfoque a la Familia,* sección de "Formularios fotocopiables").

2. **Aliente**: Durante la semana, trate de comunicarse con cada pareja (por medio de llamadas telefónicas, notas breves, o mensajes instantáneos o por correo electrónico) y déle la bienvenida al grupo. Póngase a su disposición para responder cualquier pregunta que puedan tener y trate de conocerlos en general. Sería bueno que el esposo-líder se comunique con los hombres y la esposa-líder con las mujeres.

3. **Equípese**: Complete el estudio bíblico, aunque ya lo hay haya realizado antes.

4. **Ore**: Prepárese en oración para la próxima reunión, orando por cada pareja y por su propia preparación como líder. Presente al Señor todo temor, entusiasmo o cualquier otra cosa que venga a su mente respecto del material de estudio bíblico y/o los integrantes del grupo. Si no se siente apto o preparado, pida fortaleza y capacidad de comprender. Si se siente cansado o cargado, pida a Dios que aligere su carga. Cualquiera sea su necesidad, pídale a Dios. ¡Él proveerá!

Recuerden: *En su deseo de ayudar a los miembros de su grupo, no descuiden su propio matrimonio. Compartan tiempo de calidad con su cónyuge durante la semana.*

Antes de la reunión

1. Consiga algunas Biblias, lápices o bolígrafos y materiales para hacer tarjetas de identificación.

2. Haga fotocopias del formulario de oración o reúna fichas de 3x5 pulgadas para registrar los pedidos.

3. Lea sus propias respuestas a las preguntas, marcando las que desea que se debatan en el grupo. También resalte los versículos claves que crea apropiados para compartir durante el estudio.

4. Prepare papelitos con las citas bíblicas de los versículos que usted querrá que sean leídos en voz alta durante las sesiones. Puede distribuirlos a medida que llegan los integrantes, pero sea sensible a los que se sienten incómodos al leer en voz alta o que no estén familiarizados con la Biblia.

5. Prepare un breve testimonio de cómo conoció a Jesús como el Salvador y Señor de su vida. O también puede invitar a algún miembro del grupo a compartir un breve testimonio.

Rompehielos

1. Invite a las parejas a compartir cómo aplicaron a su matrimonio lo que aprendieron en la última sesión.

2. Invite a los miembros a contar un motivo de alabanza o algo bueno que les haya sucedido la semana pasada. Invite a algunos voluntarios a compartir lo que escribieron. Esta es una buena oportunidad para que quienes no siempre ven el lado bueno de las cosas aprendan a expresar gratitud y acción de gracias a Dios, no importa cuáles sean las circunstancias.

3. Comparta su testimonio o invite al integrante con quien usted tomó contacto a que comparta el suyo.

Discusión

1. **Labrar la tierra**: Debatan grupalmente las preguntas 1 a 4. Pida a cada pareja que discutan brevemente entre ellos la pregunta 5.

2. **Plantar la semilla**: Haga que el grupo se divida en dos más pequeños

para discutir las preguntas 6-18. Puede dividirlo en hombres y mujeres, formar grupos de cuatro compuestos por dos parejas.

3. **Regar la esperanza**: Debata las preguntas 19 a 23 con todo el grupo.

4. **Cosechar el fruto**: Debata las preguntas 24 y 25 con todo el grupo. Luego, asigne tiempo para que cada pareja comparta, individualmente, las respuestas a las preguntas restantes.

   Opción: Invite a los miembros a agruparse en pares para practicar la forma de compartir a Cristo. Anime a cada pareja a alcanzar a otra en la que uno o ambos no sean cristianos y organicen algo para hacer juntos. Instruya a los matrimonios para que se concentren en conocer a esa otra pareja y establecer una relación, y no verlos meramente como un proyecto evangelístico.

5. **Concluyan con oración**: Distribuya los formularios de oración (o las fichas) y dé tiempo para que las parejas oren por la petición escrita en el formulario que hayan elegido. Cierre la reunión orando para que cada miembro tenga oportunidad de compartir a Cristo con alguien durante la semana.

Nota: Esté atento a los miembros del grupo que no conozcan a Cristo como su Salvador y Señor. Esté a su disposición al finalizar la reunión para contestar cualquier pregunta que dichas personas puedan tener en cuanto a su relación con Dios. Esté alerta a la guía del Espíritu Santo para preguntar si hay alguien que desearía hacer un compromiso con el Señor o rededicarle su vida en este momento.

Después de la reunión

1. **Evalúe**: Dedique tiempo para evaluar la efectividad de las reuniones.

2. **Aliente**: Durante la semana, llame a cada pareja y pregúntele si ha tenido oportunidad de compartir a Cristo. Si alguna persona aceptó al Señor durante las reuniones, realice el seguimiento fijando un día y una hora para encontrarse con él o ella. **Precaución**: Es mejor que usted y su cónyuge estén juntos en esa oportunidad. O también pueden reunirse en forma individual con la persona de su mismo sexo.

3. **Equípese**: Complete el estudio bíblico.

4. **Ore**: Prepárese en oración para la próxima reunión, orando por cada pareja y por su propia preparación.

Antes de la reunión

1. Consiga materiales para hacer tarjetas de identificación, Biblias, lápices o bolígrafos y fichas de 3x5 pulgadas.
2. Haga fotocopias del formulario de oración o reúna fichas de 3x5 pulgadas para registrar los pedidos.
3. Lea sus propias respuestas a las preguntas, marcando las que desea que se debatan en el grupo. También resalte los versículos claves que crea apropiados para compartir durante el estudio.
4. Prepare papelitos con las citas bíblicas de los versículos que usted querrá que sean leídos en voz alta durante las sesiones. Distribúyalos a medida que llegan los integrantes, pero sea sensible a los que se sienten incómodos al leer en voz alta o que no estén familiarizados con la Biblia.
5. Consiga una pizarra blanca (o de otro tipo) y los elementos adecuados para escribir en ella.

Rompehielos

1. Distribuya los formularios de oración (o las fichas) a medida que llegan los miembros del grupo. Indique que escriban al menos su nombre, aunque no tengan una petición. Recuérdeles que todos necesitamos que alguien ore por nosotros, aunque no tengamos una necesidad especifica.
2. Pregunte a los miembros si conocen alguna pareja profundamente afectada por alguna adversidad tal como una enfermedad, perdida de trabajo, etc. (pregunta 3) e invítelos a compartir la manera en que esa pareja afrontó la situación.

Discusión

1. **Labrar la tierra**: Debatan las preguntas 1 y 2, si queda tiempo.
2. **Plantar la semilla**: Discutan en grupo las preguntas 4 a14.

3. **Regar la esperanza**: Haga que las parejas se agrupen de a dos para discutir las preguntas 15 a 18.

4. **Cosechar el fruto**: Dé tiempo para que cada pareja individual comparta sus respuestas.

5. **Concluyan con oración**: Haga que cada pareja vuelva a reunirse con la otra con la que compartieron la sección "Regar la esperanza". Indíqueles que intercambien sus formularios de pedidos de oración (o sus fichas), y dediquen unos minutos a orar todos juntos. Anime a cada pareja a llamar durante la semana a su pareja compañera de oración para compartir testimonios, respuestas o más peticiones.

Después de la reunión

1. **Evalúe.**

2. **Aliente.** Durante la semana, llame a cada pareja y pregúntele si se ha comunicado con sus compañeros de oración. Anímelos a medida que continúan avanzando en este estudio.

3. **Equípese.** Complete el estudio bíblico.

4. **Ore.** Prepárese en oración para la próxima reunión, orando por cada pareja y por su propia preparación. Cualquiera sea su necesidad, pídasela a Dios. ¡Él responderá!

Antes de la reunión

1. Reúna papel, lápices o bolígrafos y Biblias extra.
2. Haga fotocopias del formulario de oración o consiga fichas de 3x5 pulgadas para registrar los pedidos
3. Haga fotocopias de la hoja de evaluación (vea la *Guía para el ministerio de matrimonios de Enfoque a la Familia,* en la sección de "Formularios fotocopiables").
4. Lea sus propias respuestas a las preguntas, marcando las que desea que se debatan en el grupo. También resalte los versículos claves que crea apropiados para compartir durante el estudio.
5. Prepare papelitos con las citas bíblicas de los versículos que usted querrá que sean leídos en voz alta durante las sesiones. Distribúyalos a medida que llegan los integrantes, pero sea sensible a los que se sienten incómodos al leer en voz alta o que no estén familiarizados con la Biblia.
6. Si es posible, consiga el CD con la canción "I Can Only Imagine" (Sólo puedo imaginar) de MercyMe, que puede encontrarse en *Almost There* y *Worship Project* de MercyMe. Asegúrese de contar con un reproductor de CD para escuchar la canción.
7. Consiga una pizarra —blanca o de otro tipo— y los elementos adecuados para escribir.

Rompehielos

1. **Opción 1:** Pregunte si alguno tuvo oportunidad de compartir a Cristo con otra persona y, si es así, invite al menos a un voluntario para que relate brevemente lo que sucedió.
2. **Opción 2:** Si pudo obtener el CD de "I Can Only Imagine", escúchenlo ahora. Pida que todos cierren los ojos y se imaginen cómo será el cielo. Luego, invite a voluntarios a compartir lo que "vieron".

Discusión

1. **Labrar la tierra**: Discutan las preguntas 1 a 3.
2. **Plantar la semilla**: Lea Hebreos 11 en voz alta. Luego, debatan como grupo las preguntas 4 a 17.

3. **Regar la esperanza**: Discutan las preguntas 18 a 21; luego, haga que los integrantes aporten ideas sobre cómo hacer algo práctico para ayudar a alguna pareja que esté viviendo una situación difícil. Escriba las sugerencias en la pizarra y desafíe al grupo a decidirse al menos por una forma práctica en que ellos podrían servir a esa pareja. Por ejemplo, si deciden ayudar a un matrimonio de personas mayores en el que uno de los cónyuges está postrado en cama, el grupo puede ponerse de acuerdo para turnarse una vez por semana para cuidar a la persona enferma mientras el otro cónyuge puede disfrutar saliendo de compras.

4. **Cosechar el fruto**: Pida que cada uno se reúna con su cónyuge para compartir privadamente sus respuestas a las preguntas 22 a 25. Luego, invite a algunos voluntarios a compartir cómo el Señor ha fortalecido su fe y les ha dado un mayor sentido de esperanza como resultado del estudio de esta sesión.

5. **Concluyan con oración**: Escuchen la canción (o lea la letra) una vez más. Reúna al grupo e invítelos a compartir oraciones breves que expresen alabanza y acción de gracias. Para la despedida, que lean todos juntos Romanos 15:13 en voz alta: "Que el Dios de la esperanza los llene de toda alegría y paz a ustedes que creen en él, para que rebosen de esperanza por el poder del Espíritu Santo".

Después de la reunión

1. **Evalúe**. Distribuya las *hojas de evaluación* para que cada integrante se lo lleve a su casa. Comparta la importancia de la retroalimentación, y solicite a los miembros que dediquen tiempo en esta semana para escribir su informe de evaluación de las reuniones grupales y que se lo entreguen a usted.

2. **Aliente** Llame a cada pareja durante la próxima semana e invítela a asistir al próximo estudio de la *Serie sobre el matrimonio de Enfoque a la Familia*.

3. **Equípese:** Comience a prepararse y a planear nuevas actividades para el próximo estudio bíblico.

4. **Ore:** Alabe a Dios por la obra que ha hecho en la vida de las parejas del grupo. Continúe orando por cada una de ellas en tanto que aprenden a aplicar a sus propias vidas las lecciones aprendidas.

Nota

1. Al Janssen, *The Marriage Masterpiece* (Wheaton, IL: Tyndale House Publishers, 2001).

ENFOQUE A LA FAMILIA®

¡Bienvenido a la familia!

Oramos con esperanza para que al participar de esta *Serie sobre el matrimonio de Enfoque a la Familia*, Dios le conceda un entendimiento más profundo del plan que Él tiene para su matrimonio y que fortalezca su relación de pareja.

Esta serie es uno de los muchos recursos útiles, esclarecedores y alentadores que produce Enfoque a la Familia. De hecho, de eso se ocupa Enfoque a la Familia: de informar, inspirar y aconsejar con fundamento bíblico a personas que se hallan en cualquiera de las etapas de la vida.

Todo comenzó en 1977 con la visión de un hombre, el Dr. James Dobson, un psicólogo y autor de 18 éxitos de librería acerca del matrimonio, la crianza de los hijos y la familia. Alarmado por las presiones sociales, políticas y económicas que ponían en peligro la existencia de la familia americana, el Dr. Dobson fundó Enfoque a la Familia con sólo un empleado y un programa radial semanal que transmitían solamente 36 radioemisoras.

Ahora es una organización internacional dedicada a preservar los valores judeocristianos y a fortalecer y alentar a las familias por medio del mensaje transformador de Jesucristo. Los ministerios de Enfoque a la Familia llegan a familias de todo el mundo a través de 10 diferentes programas de radio, 2 programas de televisión, 13 publicaciones, 18 sitios web, y una serie de libros, películas y vídeos premiados, dirigidos a personas de todas las edades e intereses.

¡Nos gustaría recibir noticias suyas!

Para recibir más información sobre el ministerio, o si podemos ser de ayuda para su familia, simplemente escriba a Enfoque a la Familia, Colorado Springs, CO 80995 o llame al 1-800-A-FAMILY (1-800-232-6459). Los amigos en Canadá pueden escribir a Enfoque a la Familia, P.O. Box 9800, Stn. Terminal, Vancouver. B.C. V6B-4G3 o llamar al 1-800-661-9800. Visite nuestra página web —www.family.org— para aprender más acerca de Enfoque a la Familia o para ver si hay una oficina asociada en su país.